AV ROY.

SIRE,

Ayant esté depuis treize ans employé en quelques charges comptables de finance & autres, où i'aurois recogniu plusieurs larcins auoir esté faicts de vos deniers, par ceux qui en auoient le maniment & direction au milieu de la necessité de vos affaires, pendant que les gens de guerre & autres vos suiects, souffroient en toutes sortes de miseres, durant l'inclemence du temps, qu'aucuns de vos Tresoriers leurs commis & autres, les appliquoient à leur profit, aux despens de la solde & appointemét du gen-d'arme, & à la ruine du pauure contribuable, par diuers artifices & desguisemens, par eux non seulement exercez depuis vostre aduenement à la couronne, mais long téps auparauant, lesquels on se seroit efforcé de recognoistre, & en descouurir la malice: mais en vain tant les secrets en sont obscurs, les liens forts, & la cabale auctorisee & supportee: Pour laquelle faire voir & paroistre claire comme le iour, au milieu de ses nuages, ie vous en donnay aduis à Fontaine-bleau, au mois d'Aoust dernier, (esti-

mant que l'auriez à cœur) Tant pour ce qu'il vous
en peut reuenir plus de Cinq cens mil escus, qu'à
cause du merite & importance d'icelle, necessaire
& vtile à la côseruation & direction de vos finances, au temps qu'elles font le plus dè besoin. Mes-
mes à empescher l'accroissement de tels larcins,
par lesquels partie de vos deniers, tãt ordinaires
qu'extraordinaires, ont este côsommez & ob-
scurcis en diuerses Prouinces, par admirables
moyens & intelligences. Et qu'à cest effet (SIRE)
il s'en feroit exacte recherche, auctorisée & ap-
puyee de l'auctorité de vostre Majesté, A quoy
iusques au iourd'huy il n'a esté encores commencé, au contentement desdits Tresoriers, qui re-
cognoissent (ce leur semble) qu'elle est & sera de
vous negligee. Et ainsi n'attendent autre establissement contre eux que ma foiblesse, laquelle aba-
tüë, ils esperent vous destourner & empescher
qu'il soit plus parlé ny de la recerche, ny de moy.
Qu'ils ont tellement relancé pour y paruenir, que
ie suis contraint de me tenir couuert pour parer à
leur malice, & au payement de grandes sommes,
esquelles ils m'ont faict condamner par corps,
pour despens, dommages & interests, contre
tout ordre de iustice, enuers vn ieune homme
nommé Saffart, qui m'a desrobé plusieurs memoires qu'ils ont tirez de luy (apres l'auoir faict
eslargir) pour leur estre importans, nommement vne lettre escrite par le sieur du Tremblay, au feu sieur Rogais, le tout au preiudice
de vostre seruice : bien qu'il fut emprisonné par
vostre commandemét (ce q̃ lesdits Tresoriers &
Commis ont solicité & faict faire à dessein, esti-

mant par ce moyen , vous faire cognoiſtre que-
mes accuſations ſont fauces, & qu'ils doiuent eſtre
auſſi bien abſous de leurs crimes , que celuy qui
par leurs brigues a eſté mis hors des priſons comme innocent d'vn larcin manifeſte, qui le preuue
par les informations , & pour me faire habandonner ceſte pourſuitte en l'abſence de monſieur le Preſident Ieannin, qui a par deuers luy les
depoſitions de Meſſieurs Themines , Fauas, Val-
liros, Monteſtruc, Corné, Mereinx, Archabaud,
& autres qui iuſtifient & donnent fondement
certain de ma denonciation , iuſques à plus de cẽt
mil eſcus de fauſſetez, trop ſuffiſantes d'arreſter
Preuoſt & le Fevre , qui vont & viennent pour
deſtourner toutes preuues , & empeſcher que le
ſieur Garrault, reſponſable ciuilement pour eux,
& autres, de Cent cinquante mil eſcus & plus,
ne continüe à dire qu'il eſt impoſſible que ceſte
recerche reuſſiſſe au preiudice d'vn ſi grãd corps
y intereſſé , qui ſcaura ſe conſeruer, & que s'il ad-
uenoit autrement, il en mettroit auec luy beaucoup d'autres en peine (paroles vrayement di-
gnes d'vn bon officier.) qui ne l'entend,ainſi que
ie feray voir en fin de ceſte recherche, meſmes
commencer par vne lettre eſcrite & ſignee de luy,
de laquelle il a enuie de ſe iuſtifier en compagnie:
Ainſi qu'il fera ſans doûte (S I R E)s'il vous plaiſt
affectionner ladicte recherche, par la ſuitte de laquelle ſans eſtre touché aux deniers de vos coffres, ie feray cognoiſtre pour vn milion d'or de
fauſſetez, en faux acquits, faux & doubles em-
plôits, fauſſes leuees, fauſſes receptes, obmiſſion
d'icelles, & autres cas en reſultans.

Auſſi feray cognoiſtre comment & par quelles intelligences d'officiers l'on a faict pluſieurs faux achapts de pouldres, boullets, & autres imaginees deſpences au faict de l'artillerie.

Des leuees de gens de cheual & de pied, & des payemens faicts à iceux, le tout feint & ſuppoſé.

Des payemens faits à des regimens qui n'en ont rien ſceu ny receu.

Des nauires ſur mer entretenus, en pluſieurs mois eſquels ils ne faiſoient plus ſeruice.

Vn nauire ſur mer qui n'y a iamais eſté, veu, ni entretenu.

Des payemens faux & imaginaires faits à des compagnies d'ordonnance, ſans le ſçauoir.

Des payemens faits auſdites compagnies pour deux mois, plus qu'ils n'eſtoient payez, & comment, bien qu'ils ne fuſſent payez en aſſignation que pour vn mois, ils ſont employez pour trois en argent contant.

Comment & pourquoy les receueurs Generaux & particuliers, ont fourni des deniers de leurs charges auſdits Treſoriers & Commis, en vertu de fauſſes ordonnances.

Comme vn Treſorier ayde & porte en ſon annee & hors d'exercice, les deniers de ſa charge és mains de ſon compagnon, & le ſujeČt.

Par quels moyens, comment, & pourquoy les Treſoriers ne ſe payent de leurs gages en aucunes annees, & en icelles n'employent pluſieurs paiemens qu'ils y ont faicts.

Comme auſſi feray cognoiſtre les Treſoriers, Commis, Gardes, Commiſſaires Controlleurs, & autres, eſtre intelligens à la conſommation des deniers, forge & faction defdits acquits.

Par quelles inuentions & comment Preuoſt & le Fevre ont faict faire & fabriquer pour cent mil eſcus d'acquits faux, pour enfler pluſieurs deſpences.

Comment & pourquoi l'on a contrefaict les ſeings des Iuges & des Commiſſaires & Controleurs qui ont fait aucunes monſtres, & les deſordres que la negligence defdits Commiſſaires & Controlleurs ont cauſé par la malice defdits Treſoriers.

Comment leſdits Treſoriers ſurprennent Meſſieurs vos lieutenans & leurs ſecretaires, en la certification des eſtats generaux des deſpenſes faictes & à faire & autres depeſches.

Comment & pourquoy leſdits Treſoriers font des receptes imaginaires, pour cadrer à leurs deſpences faulſes & ſuppoſees, & des preſts faits par imagination, le tout en faueur de la Caballe.

Comment l'on a fait & fabriqué des aquicts pour Cent mil eſcus d'achapts de viures, faux & imaginaires, compris vne quittance de Dixhuict mil eſcus auſſi fauſſe.

Des Gentils-hommes qui n'ont receu que cét eſcus, autres rien, qui ſont employez pour bonnes ſommes, par le moyen qu'ils ont entre autres de la tranſpoſition des acquits. Laquelle eſt, Que quãd à vn Seigneur ou Capitaine eſt ordonné quelque ſomme, il en deliure l'ordonnance auec ſon blanc au Treſorier, pour eſtre payé, lequel Treſorier voulant augmenter ſa deſpence, ſigne vne autre ordonnance & quittance de pareille ſomme, mettant la premiere bonne quit-

tance: auec la faulſe ordonnãce, & la faulſe quittance; auec la bonne ordonnance, de ſorte que
quant l'ordonnance eſt bonne, la quittance eſt
faulſe, & quand l'ordonnance eſt faulſe, la quittance eſt bonne, dequoy Monſieur le Preſident
Ieannyn ſe trouua eſtonné & Monſieur Deſauas fort empeſché, eſtãt bien memoratif qu'il n'a-
uoit rié receu au ſiege de Blaye &neantmoins il ſe
voyoit employé par vne bonne quittance, pour
la ſomme de douze cens eſcus, qu'il auoit four-
nie pour ſes Eſtats, & non à ceſt effect.

Comme l'on a employé pour plus de deux cens
mil eſcus d'aquits faux, ſous les noms de pluſieurs
Seigneurs & Capitaines, nommement ſoubs les
noms de cent gentils-hommes imaginaires qui
n'ont iamais eſté aux armees, deſquels Monſieur
Deſauas a declaré n'en cognoiſtre aucun, apres
les luy auoir eſté nommez.

Noms deſdicts cent Gentilshommes
imaginaires.

Les Sieurs Deſtines, Collet, Deruales, de Ver-
nieres, Darbiſſon, Doample, Guillebault, de
Haulte Vigne, Philippes de Vernieres, Cardine,
Derue, Certain, de Belleaucyne, de Perdine, de
Saincternes, Baradiere, Dangle, de Gournay,
Bourdeuille, Dazamart, Dibuſti, Marrault, Gal-
lap, Ruffart, Rabouſt, Tulles, Rigolle, Beaufort,
Baurie, Maurie, Cautin, Veulmy, Nayuet, Gitty,
Bliers, Deruil, Beſſein, Beigon, de Picart, Taul-
lon, Gourraygne, Borduc, Lunault, Longles,
Boiſſillart, la Roquette, de la Paliſſe, Marcuſſat,

de Iuſtian, de Betons, Fouret, de Tournay, de
Paſquet, Feron, Grauart, Maſtron, Bonbec, Sor-
bebere, Torédrie, Sendrie, Dantraƈts, Campene,
de Flex; Bozel, Bral, Touſcaret, Bruniſſaut, la Pa-
lanque, Dirart, Moutet, Souſcard, de Sihlos, La-
tapis, Dallouiſt, Verdalles, Seſtrac, Chabot, Gru-
naut, Bonnet, Daffiergue, Dupuy, du Moulin,
Luiſſon, Delort, Sepis, Feuillade; Sanuy, Cazan-
bon, du Mouſſy, Dumont, du Fraize, Pegot,
Bruſſye; Belle-Foreſt, la Riuiere; Deruales, Can-
teloup, Gaulieres, de la Croix, Nicolle.

Le tout pourueu qu'il plaiſe à voſtre Majeſté
faire les aduances des frais, ou accepter les con-
ditions cy apres, par leſquelles vous eſt offert,
faiſant faire & continuer la recherche deſdits crimes & cas en reſultans.

De payer & aduancer toutes les ſommes de deniers qu'il côuiendra desboursser pour les taxa-
tiôs, vacations & peines des Cômiſſaires qui ſerôt
deſnommez non ſuſpeƈts en ladiƈte recherche,
pour iuger ſeuls ſouuerainement & en dernier
reſſort des cas ſuſdits.

Sera auſſi aduancé les deniers neceſſaires de
payer aux Commiſſaires & autres qui ſeront enuoyez par les Prouinces pour le fait de ladiƈte recherche.

Sera voſtre Majeſté aſſeuree que ou de ladiƈte
recherche il n'en reuiendroit que Cent mil eſcus
il vous ſerôt entierement payez ſans que ſur iceux
il puiſſe eſtre deduit & rabbatu aucûs frais deſdits
Commiſſaires qui tomberont en pure perte ſur
ceux qui les auront aduancez.

En conſideration deſquels aduances, offres &

rifques fufdits, voftre Majefté fera don (s'il luy plaift) de la tierce partie de ce qui reuiendra de net de ladicte recherche vous payé defdits Cent mil efcus.

Voftre Majefté attribuera trois folz quatre deniers pour liure au receueur qui fera nommé pour faire ladicte recepte tant pour fes taxations, que des Commis qui feront enuoyez par les Prouinces, que pour frais, recouurement & acceleration; port & voicture de deniers.

Sera attribué à tous denonciateurs le fixiefme denier de ce qui prouiendra par vertu de leurs denonciations, ainfi qu'à ceux qui denoncent en la Chambre Royalle.

Que nul ne fera receu aufdites offres (icelles accordees) finon apres que l'on fera payé & rembourçé des frais & aduances, & outre de la fomme de Cent mil liures.

Et ce faifant (S I R E) où autrement y eftant pourueu & doné ordre. Ainfi qu'il plaira à voftre Majefté commander, L'on fera non feulement recognoiftre lefdits artifices : Mais encores d'autres defquels aucuns de vos treforiers fe font fort bien acquittés. Tant à la ruyne de vos Capitaines & gens de guerre, que de vos pauures fubiects qui ont en partie fouffert & paty durant les troubles par la malice des Inuentions qu'ils ont eues, de n'affigner la gendarmerie de leurs foldes & payes acquifes que pour moitié du feruice; fait plus ou moins, fur les deniers qu'ils ne pouuoient recouurer, Apres en auoir tiré le plus clair, par eux obfcurcy, en faux roolles & acquits qu'ils faifoient faire & fabricquer, pour enfler & augmenter les

paye-

payemens deſdits gens de guerre ſans leur ſçeu,
iuſques à dix, onze, & douze mois, Cependant
qu'il ſe penoiét en vain pour ſe faire payer de leur
demy ſolde aſſignee, dont ſe voyans fruſtrez ſe li-
centioient & portoient à toutes ſortes d'impietez
& tyrannies: pour eſuiter leſquelles, les pauures
contribuables eſtoient contraints d'habandonner
en miſere leurs demeures, iuſques à ce que leſdits
aſſignez fuſſent forcez (ne pouuant receuoir aucune choſe) de recourir auſdits Treſoriers & Cõ-
mis & leur offrir le tiers, la moitié, voyre le tout
pour peu. Ce qu'ils refuſoient par occaſion faire,
pour obeyr aux regles, tours, & deſtours, de la
Caballe. De ſorte (S I R E) qu'ils ſe treuuera telle
garniſon qui en dix ans n'aura receu vn denier de
ſa ſolde & payement dont l'aſſignation luy a eſté
& demeuré inutile, ayant eſté contrainéte de vi-
ure ſur le bon homme, ſubieét digne d'eſtre con-
ſideré & affeétionné de voſtre Majeſté, pour en
eſuiter à l'aduenir les conſequences, deſordres, &
larrecins : afin que tant de miſeres & afflitiõs,
vous ſoyez fidelement ſeruy, vos deniers mieux
meſnagez ; les gens de guerre bien payez, & vos
ſubieéts ſoulagez, non ſeulement en la Prouince
de Guienne, mais encores en pluſieurs autres ou
ont eſté exercez leſdits abbus, qui ſe reſignent
auecles offices aux enfans, amis ou alliez des pour-
ueuz d'iceux (qui n'ignorent des maximes d'A-
grippa,) ainſi que droiéts & reuenus certains qui
ſe peuuent perceuoir (nomément en leur bonne
& deſiree occaſion de la guerre) en toutes ſortes
d'inuentions ſans eſperance que par le moyen

d'aucunes recherches quelques exactes qu'elles
puissent estre, l'on sçache penetrer ny s'intrer en
leurs subtils secrets & desguisez moyés, tant pour
l'impossibilité qu'ils ont de tout temps estimee en
la preuue & verification d'iceux, que à cause des
entrelas & grandes correspondances, que les officiers des premieres & principalles charges & autres par dessus eux esleuez, ont ensemble : par diuerses intelligences, de personnes entrez & mes-
lez par alliance en nombre dans les souuerainetez
pour y seruir de faueur & appuy ausdicts abbus
commis de pere en fils, dont iusques auiourd'huy
l'on a empesché le cours, vous faisant voir (SIRE)
les veritez à l'enuers, par le mesme air & menees
que l'on s'efforce encores faire sur le subiect des
faussetez : ainsi qu'il se peut recognoistre, en ce
qu'apresent, que l'on y peut voir clair, & descouurir les insignes larrecins cachez en icelles, que
vos predecesseurs & vous, ont tant & si longue-
ment cerchez & recherchez pour y paruenir : il
s'y presente de malheur pour obstacles, l'appuy
& brigues des correspondances susdictes qui par
accidens releuez s'efforcent de destourner par
obscurité la fidelité & bonne volonté de voz affe-
ctionnez subiets & seruiteurs, pour ingenieuse-
ment faire passer & voir audit enuers la pure verité, pour imposture & calomnie, contre la con-
science & le deuoir de ceux qui auiourd'huy par
malice dissimulent & feignent ignorer le fruict
& bien qui peut arriuer estant penetré en ce tre-
sor descouuert, à vous desrobé, & recellé. Afin
d'en laisser passer & euader l'effect & occasion

trouuee en fumee, fans en aduertir voftre Majefté pour le bien, refpect & appuy des intereffez,
& de ceux qui ne l'ont agreable, qui en veulent
fupporter les autheurs à voftre trefgrand preiudice, (SIRE) & des Princes du fág, vos gouuerneurs
Lieutenans generaux, Marefchaux de Camp, Capitaines, Secretaires, & autres, defquels ou d'au-
cûns d'iceux l'on a contrefait les feings & autrement furpris, ainfi que l'on fera toufiours, s'il ne
vous plaift appuyer cefte recherche d'vne autorité qui me face defendre contre la hayne & malta-
lent de tels crocheteurs & affaffins de vos coffres,
ruine de tous vos fubiets, aucuns defquels ils taf-
chent de gaigner pour euiter les preuues &
faire changer les efcrits par vertu de la vertu qu'ils
ont poffedans le trefor qu'ils vous gardent y a lóg
temps, s'ils ne me font terraffer auant que d'eftre
affifté au milieu de tant de fauffetez, preuües &
offres de continuer la verification d'icelles, ayant
promptement pour Commiffaires non fufpects
Meffieurs de Villiers Prefident en voftre Parlement, Nicolay premier Prefident en voftre Chá-
bre des Comptes, les fieurs Duran, de la Grange,
Courtin, Marillac, & d'Amboife Maiftre des Requeftes, Thurin Deflandes, Courtin, & Lefcalo-
pier l'aifné Confeillers audit Parlement
                                Maiftre des
Comptes pour fubftitud de voftre Procureur general Maiftre   Aduocat
en Parlement, & pour Greffier Maiftre
                    afin qu'il ne fe puiffe dire
que foubs voftre regne, (SIRE) les larcins ayent

esté tollerez & moy laissé à la batterie de ceux qui
machinent contre moy, ma famille & leurs des-
cendans, ce qu'autremēt seroit de mauuaise exē-
ple,pour auoir autres bós aduis & de grād conse-
quēce pour vos finances,qui seroiēt à l'aduenir par
les prouinces & aux armees prises & desrobeés
d'vn stil releué iusques à cinq ans apres tout paci-
fié,tant par les bons ,que par les meschans,par l'e-
stime qu'ils pourroiēt faire qu'en prenāt sans faul-
ceté,ils ne seroiēt tenuspour absolutió de l'offēce
qu'à restituer par cópolition six deniers ou vn sol
de l'escu grippé, & auec faussetélés volleries reco-
gneues en demeureroient quittes & deschargez,
par faueur de ceux qui en ont pris & en prédrōt le
pl⁹ ,Estás supportez & auctorisez aussi cachemēt
& iniustement en tels crimes ǭ voltre Maiesté &
vos Courts souueraines maintiennent en iustice
ouuertemēt les loix,& vos ordonnances:dequóy
(Sire)ie vous aduertis attendant que plus libre
ie vous puisse faire presenter le subiect des depositions des seigneurs & autres qui ont esté ouys &
les noms de trois cens personnes desquels y a acquits,faux rapportez & passez ausdits comptes,
ainsi que i'ay fait & feray encores signifier ausdits
Tresoriers pour les faire aduancer à ce qu'ils ont
recullé faire, & qu'ils ne feront sans auoir entre
eux vn grand combat, qui les pourra faire resou-
dre,n'y ayant rien à esperer pour eux,à continuer
ainsi qu'ils ont commencé à se taire & se laissēt
iuger malicieux & coulpables,d'autant que autrement ils ne peuuent libres & sans masque venir à
l'effect, qu'ils ne se fassent declarer incontinent
plus coulpables & raisonnables, qu'ils n'ont esté

depuis sept mois qu'ils se sont esuertuez de vo²
persuader & faire dire, & à Messieurs de vostre
Cõseil, nómément à Monsieur de Rosny, que i'e-
stois calomniateur, Afin de me faire declarer tel
qu'ils disent & autre que ie ne suis, ainsi que i'es-
pere faire paróistre à vostre Majesté, par la suitte
de ladicte recherche qui me fera finir par la priere
que ie faits à Dieu (SIRE) vous dõner en trespar-
faicte santé, treslongue & tres-heureuse vie, de
Paris ce xiij. Auril, mil six cens cinq. Par vostre
tres-humble, tres-obeissant, tres-fidelle subiect &
seruiteur de Beaufort.

A la requeste de Iean de Beaufort cy deuant
commis à l'ordinaire des guerres, Soit denoncé
aux sieurs Garrault, du Tremblay, Puget & Midorge, qu'il leur auroit cy deuant fait signifier
qu'il entendoit prouuer & verifier pour trois cés
mil escus d'acquits faux & payemens supposez
estre passez & allouez en leurs comptes, desquels
ils sont responsables ciuilement au Roy, pour
leurs commis qui ont eu maniement en Guienne,
estimant qu'ils les prédroient à partie, pour leurs
descharges, Au lieu dequoy faire, ils se seroient
contentez de s'asseurer l'vn l'autre de bonnes
cautions, pour esuiter à desordre & parer au cours
de la preuue d'iceux, ainsi que le Feure receueur
general des finances en Guienne, l'vn de leurs
Commis fait de sa part, lequel est party de ceste
ville pour aller à Bordeaux, se tenir sur ses gardes
& trauerser l'effect de la depesche, que sa Majesté,
a fait deliurer audit de Beaufort pour enuoyer
auec amples memoires, à Monsieur le Mareschal
D'ornano, Messieurs les premier President, Tre-

forier general & deux Confeilliers du Parlement
dudit Bordeaux, & autres aux fins de la recherche defdits abus, cependant que Maiftre Augu-
fte Preuoft, autre leur commis, eft icy libre, pour
aduertir ledit le Feure de ce qui fe paffe, jouant
fon perfonnage, auec les autres intereffez, allant
çà & là dire par tout, qu'ils font calomniez : &
non coulpables, & qu'ils feront punir ledit de
Beaufort, contre lequel ils ont foubs main fi af-
prement folicité fous nom d'autre, qu'à leur defir
ils l'ont fait condamner contre tout ordre de iuftice en la fomme de quatre cens liures tournois,
par corps, pour dommages & interefts & en d'a-
uantage de defpens enuers vn leur affidé qui luy
a defrobé (pour leur rendre) plufieurs pa-
piers & memoires importans le feruice du Roy,
en ladite recherche, du nom duquel ils fe font fer-
uis, pour deftourner ledit de Beaufort de pouuoir
libre, prendre en ladicte Chambre des comptes
les extraits neceffaires d'attacher foubs le contre-
fel des lettres patentes de fa Majefté pour obeyr
à fa volonté, portee par icelle, & le tout enuoyer
audict Bordeaux. Ce qui luy a efté & eft impoffi-
ble faire, demeurant par ce moyen ladicte depef-
che inutile entre fes mains, à caufe de ladicte
contrainte, à laquelle il ne peut & ne doit fatisfaire, pour auoir efté iniuftement condamné par
corps, & qu'il fe cognoiftra deux arrefts auoir
efté donnez à leur defir, & contentement dudit
le Feure, qui eft entré en exercice, tenant preft
des deniers de fa recepte pour s'efuader au premier vent qu'il aura que fa Majefté fera aduertie
que charges & preuues font fuffifantes pour le

faire arrefter & ledit Preuoft, à ce qu'ils ne puiffent plus nuire à leur iuftification: A cefte caufe
ledit de Beaufort defirât faire paroiftre au Roy & à
Nofleigneurs de fon Confeil qu'il n'a tenu & ne
tiét à luy que la recherche defdits abus ne s'appro-
fondiffe. Il femond les deffufdits de prendre à
partie leurs dicts commis pour refpondre au contenu cy deffus, & declarer quelles raifons ils ont
de dire qu'il eft calomniateur, & s'ils ont enuie de
le faire declarer tel fans eftre ouy, & ne luy eftre
permis de verifier (ainfi qu'il a commencé) les
crimes de leurs commis, dont ils font refpófables,
afin qu'ils puiffent faire cógnoiftre que l'autorité
de leur Caballe rend de l'innocent coulpable, & le
crimineux abfouls, & que impugniement bons
& mefchans peuuent continuer & accroiftre lef-
dicts larcins, au lieu que par terreur & iuftice ils
deuffent eftre chaftiez & corrigez: Pour retran-
cher & efuiter le venin defdits abbus defquels
il leur a declaré qu'il a efté, & eft toufiours preft
non feulement d'en verifier pour trois cens mil
efcus, mais encores faire effectuer & verifier à fa
Majefté le contenu en la lettre à elle addreffee, laquelle & la prefente leurs feront fignifiees, à ce
qu'ils n'en pretendét caufe d'ignorance, & a ledit
de Beaufort efleu fon domicile en l'hoftel de
Maiftre Nicolas Marchant, Docteur, Régét en la
faculté de Medecine, fiz ruë de la Bufcherie où il
eft à prefent demeurant, figné de Beaufort.

L'an mil fix cens cinq, le xviij. Auril auant midy
certaine lettre miffiue adreffante à fa Majefté dót
coppie eft cy deffus tranfcrite, & à la requefte de
Maiftre Iean de Beaufort, cy deuant commis à

l'ordinaire des guerres, a esté par moy Claude
Gasnier Sergent à verge au Chastelet de Paris ex-
ploitant par tout le Royaume de France, mon-
stré & signifié, & du contenu cy dessus baillé coppie aux sieurs Puget, du Tremblay, Garrault
& Midorge, en parlant pour ledit sieur Puget à
Dame Loyse Preuost sa femme, & pour le sieur
du Tremblay, à Claude du Fresne sa seruante, &
pour ledit sieur Garrault à sa personne, & pour
ledit sieur Midorge, A Maistre François Aueline
son commis, Tous en leurs domiciles, à ce qu'ils
n'en pretendent cause d'ignorance, Fait és pre-
sences de André Soye, Martin Maucourt &
autres tesmoings, ausquels i'ay baillé & laissé coppie chacune separément, ainsi signé Gasnier.

AV ROY.

IRE,

Pour satisfaire à la requeste & offres que ie vous ay faict presen-
ter pour la recherche des faux acquits & larcins
faicts de vos deniers, i'adresse à vostre Majesté ce
qui est en substáce contenu & recognu par les depositions de Messieurs de Themines, Fauas, Mô-
testruc, & autres: Ensemble les noms de trois cés
personnes & plus, qui sont à ouyr en Guyenne.
Par le merite desquelles depositions, si prenez la
peine d'y tourner vostre veuë, & vous y arrester
quelque peu, vous recognoistrez (S I R E) comme il importe au bien de vostre seruice, d'en faire
aprofondir & esclarcir la matiere (source & re-
traicte des grands vols faicts de vos deniers, & ce
par vn establissement de Iuges choisis & non sus-
pects, pour en faire faire vne recherche exacte:
qui seruira d'vn decret solennel à restaurer, con-
seruer, & purger vostre domaine & finance des-
vieux & nouueaux larcins faicts par plusieurs,
qui ont par tels moyens & autres aussi fauorables,
hipotecqué, vsurpé, & enjambé sur & hors vostre

domaine, & toutes natures de deniers, defquels le
fondement eftant faux, les tiltres ne peuuent eftre
que femblables, & tels feront reputez & iugez,
fans efperance de retour en fin de ladicte recherche : qui mettra toutes obfcuritez en lumiere, &
tout defordre en perfection : à voftre tref-grand
contentement, & foulagement de tous vos bons
& obeyffans fubjects : finon d'aucuns de vos Treforiers, Commis, & autres, de la malice & fineffe
defquelsie fuis fi fçauant, (SIRE) que i'oferay
bien vous declarer, que s'il vous plaift commander que ie fois affifté & non laiffé ainfi que ie fuis,
vous faifant tref-humble feruice : ie ne laifferay
quand bien ils auroient tout changé les efcripts,
(Ainfi qu'ils fe font efforcez & s'efforcent de faire) de prouuer & faire fortir à effect le contenu
en madicte requefte, & offres neceffaires d'eftre
acceptees en voftre confeil : Si de vos deniers ne
defirez en faire faire les frais & auances qu'il con-
uiendra pour la perfection d'icelle recherche, en
laquelle n'a efté trauaillé trois fepmaines en perfection, depuis huict mois qui ont efté mal employez faute d'eftre affifté, durant lefquels s'eft
paffé ce qui enfuit.

Qui eft (SIRE) qu'au mois d'Aouft dernier
vous ayant donné ledict aduis, vous commanda-
ftes à Monfieur le Prefident Ieannin me prefen-
ter à Monfieur de Rofny : lequel apres luy auoir
efté prefenté, fift apporter de la chambre des Comptes en l'arcenal, plufieurs liaffes d'acquits pour
y en recognoiftre de faux, ce qui me fut facile. En
fuitte, il me donna pouuoir de faire amener vn
nommé Collart, Cómis de maiftre Iean le Fevre

i'vn des denoncez , vn nommé Morin , qui a demeuré auec feu Borel, Capitaine du charroy en
l'Artillerie, & vn nommé Preuoft, homme de
chambre du Fevre, l'auditeur des Comptes, pour
eftre ouys , d'efquels ledict Collart s'efuada & eft
encores en fuitte, Morin efpargna la verité, &
Preuoft dict ce qui eftoit & n'eftoit rien, & encores dict-il beaucoup au deffein & perfection de
telle recherche.

Lefquelles depofitions ainfi faictes, Monfieur
ce Rofny y preuoyant de la longueur & de la tra-
uerfe, renuoya lefdits acquits en ladicte chambre:
fujet fur lequel lefdits denoncez firent par tout
dire qu'ils eftoient innocens, & qu'ils me feroient
punir extraordinairement. De forte (SIRE) que
plufieurs ignorans iugerent legerement mon
aduis faux, fans y fçauoir ni cognoiftre aucune
chofe.

En fuitte, ie fis ouyr ledict le Fevre denonc
lequel auec fon frere l'auditeur fon côfeil, au preiudice de voftre feruice (furprenans Meffeigneurs
de voftre chambre des Comptes) entrerent où e-
eftoiét les acquits par moy cottez & mis à part, où
ils virent à loifir ceux que i'auois marquez, fur
lefquels ledit le Fevre deuoit eftre interrogé. Côme eftans efcrits & fignez en l'annee 1598. par le
dict Collart, lors qu'il fut à Bordeaux demeurer
auec luy : lefquels neantmoins font dattez, efcrits,
fignez & employez en fes comptes des annees
95.1597 Ce qui fut caufe que ledit le Fevre preuoyant mon deffeing, fe refolut de n'aduouer ladicte
efcriture. Ainfi qu'il fit fort bien encores qu'il
qui luy fut môftré plus de deux cens roolles & ac-

quits eſcrits par ledit Collart ſon Commis, nommement ceux rapportez ſous les cottes 4445. 48.
49.50.51.52.53. 54. 55. 56. 57. 59. 60. 63.64. 65.
66. 67. 68. 69. 70. 71.72.73.74.75.76.77.78.79.
80. 81. 91.92.93.94.95.96.97.98.99. &3600. Ce
qui me fit iuger (auec ce que ie recognus quelques acquits demarquez, & des liaſſes chágees de
leur ordre.) Que ledit le Fevre auoit veuzleſdicts
acquis : Pourquoy ie ſuppliay Meſſieurs le Preſi-
dét Ieannin, & voſtre dit Procureur general de ladite chambre, de le prendre à ſerment ſur ce; lequel eſtimát auoir eſté deſcouuert, dict qu'à la verité il les auoit veus en la preſéce de ſondit frere&
du garde. Ouy, ledit garde, dit qu'il ne pouuoit re
fuzer aux Auditeurs, de voir les acquis. Ce qui fut
defendu faire pour ce regard. De ſorte (S i r e)
que iceluy le Fevre fut recognu fort troublé, à cauſe qu'auparauant il auoit dit auſdits ſieurs qu'il ne
pouuoit recognoiſtre l'eſcriture de ſon Commis,
d'autant qu'il y auoit trois ans qu'il n'auoit veu
iceux acquits , & neantmoins n'y auoit qu'vne
heure qui les auoit conſiderez & recognus.

Plus interrogé entre autres choſes ſur quelques
roolles rapportez par luy en ſon compte de 97,
ſignez par ledit Collart , cóme Controlleur des
guerres, que ie luy repreſentay , ne pouuoir eſtre
vrais, veu q̃ ledit Collart ne fut demeurer chez luy
qu'en 98. & qu'ilz eſtoient dattez en 97. dit qu'il
deſaduoüoit leſdits roolles : Impertinéte reſpon-
ce (S i r e) de laquelle il ſeroit fort ayſe ſi elle le
deſchargeoit, & beaucoup d'autres, de pluſieurs
grands larcins qui ont eſté faictz de vos deniers.
Ce faict, i'entray pluſieurs iours de ſuitte en la-

dicte chambre pour prendre les cottes, sommes,
& dattes defdits faux acquits. Dequoy lefdits Treforiers generaux & Commis, furent diuerfes fois
fe plaindre, & donner à entendre à Monfieur le
Prefident Ieannin, que ie pourrois changer des
acquits : mefme que l'homme de voftre-dit Procureur general auoit trouué faute d'vne quittance
qu'il difoit m'auoir veu mettre en ma pochette,
bien que non (S I R E) Ainfi que ledit fieur Prefident leur dict & donna à entendre.

Et recognoiffant (S I R E) le fecret de telles
plaintes, ie refolus de ne rentrer en ladicte chambre, que ie n'euffe lettre de vous , pour leur faire
parapher les acquits qu'ils n'ont paraphez à deffein en quelques annees. Et pour ce faire m'en al-
lay à Fontainebleau, où ie fus fix fepmaines auant
que les obtenir : Par lefquelles vous mandaftes à
Meffieurs des Comptes qu'ils euffent à faire ap-
peller pardeuant eux lefdits Treforiers, pour leur
faire parapher les acquits qui ne l'eftoient, & que
communication m'en fuffe faicte en la prefence
d'vn des Auditeurs d'icelle.

Laquelle pour obeyr à voftre volonté, auroit
nommé pour ledit effect le fieur Neuelet, & fait
affigner les Threforiers generaux pour parapher
lefdits acquits. Lefquels au lieu d'affigner au premier iour leur Commis pour ce faire, qui eftoient
lors en cefte ville , les affignerent feulement au
mois, bien que dés le lendemain Preuoft & le Feure y euffent peu fatisfaire, dont n'en ayant encores eu enuie, ont laiffé paffer le mois, vn, deux,
trois & quatre apres, refolus de n'en venir là qu'ils
n'y foient contraints, preuoyant que ce leur feroit

vn grand preiudice de parapher acquits faux, defquels ils eftiment s'excufer comme deffus, conti-
tinuans à dire qu'ils n'ont fourny que les acquits à
eux deliurez. Ce qui eft bon à dire au change, non
pas en face de voftre Iuftice, où les faux acquits
efcripts par leurs Commis, ny les fauffetz ne font
excufees par des paroles legeres, puis qu'il n'y a
tant d'obfcurité au fait de tels larcins, que fa fplen-
deur ne l'efclairaffe.

Et d'autant (S I R E) que durant mon fejour à
Fontainebleau ie parlay à plufieurs Capitaines, le
Fevre l'vn des denoncez qui en fut aduerty, y vint
en pofte, où il parla à quelques vns d'iceux, nommement au fieur de Pencharuault, cependant que
Preuoft, autre denoncé, faifoit icy courir le bruit
que ie m'eftois efuadé & mis en fuitte, à caufe que
l'on m'auoit interdit l'entree de la chambre: Et
eftant ledict le Fevre de retour, dit à fon frere prefent fon homme, qui l'a redit à leur aduantage,
qui ne fit iamais mieux que de faire ce voyage,
qu'il auoit paré à tout, & que le demenry m'en de-
meureroit icy, où ie ferois engagé de verifier.

Ce qui me mit (S I R E) en volonté de ne faire ouyr aucuns Seigneurs & Capitaines, & de demander Cômiffaires pour aller à Bordeaux. Que
le difcours du Fevre me trauerfoit: toutesfois, en
ce côbat, ie me refolus de les faire ouyr: & de faiôt
voftre Maiefté de retour en cefte ville, comman-
da audict fieur de Pencharuault de depofer & dire la verité fur ce dont Il feroit enquis.

Lequel ouy fur plufieurs acquits faux rapportez fous fon feing, dict au contraire de ce que luy
auiez commandé, gaigné qu'il eftoit, qu'il efti-

moit auoir fait les feings qui luy eftoiét reprefen-
tez, toutesfois qu'il ne le voudroit affermer : auffi
qu'il ne voudroit iurer du contraire , mais qu'il
auoit vn papier chez luy où il auoittout mis en ef-
cript, ce dont on l'auoit affigné, & qu'il en don-
neroit aduis eftant au pays. Lefquels feings veus
par lefdits fieurs Prefident Ieannin & voftre Procureur general, y recognurent vne fi grande difference qu'ils y iugerent du mal entendu.

A caufe de laquelle depofitiõ, dés le lendemain
Preuoft & le Fevre commencerét à dire au change, que ledit capitaine auoit parlé contre moy, &
qu'ils ne m'efpargneroient pas,fans cõfiderer que
tout commencement apporte fouuent vne fuitte
& vne fin, que la bonne mine n'empefche : Par la
fin de laquelle ie verifieray que les roolles & quittãces mis en doute par ledit fieur de Pécharuault
font faux , & fur ce mets la vie, eftant facile de le
verifier icy par les experts ou par les aueugles qui
y verront clair,tant aucuns defdits feings font mal
contrefaicts.

En fuitte , ie fis ouyr vn nommé Archambault
Secretaire, fur vn eftat & quelques ordonnances
fignees Matignon & dudit Archambault : ledict
eftat montant quinze mil quatre cens cinquante
efcus ; & lefdictes ordonnances enuiron fix mil
efcus, lequel auffi depofa ainfi que ledit Capitaine, & dit qu'il eftimoit auoir le tout figné : toutesfois qu'il remarquoit vne difference en la lettre A, & vn traict obmis fur la lettre M, & ainfi
mift par recommandation en doute ,ce qu'il euft
peu efclaircir fur l'heure, s'il n'euft efpargné la verité, dequoy dés le lendemain ils firent encores

courir le bruit que i'eſtois confus, & ne ſçauois
où i'en eſtois.

Ce qu'à la verité (SIRE) m'eſtonna & me
donna ſujet, voyant que tous eſtoient gaignez, de
demander Commiſſaires pour aller à Bordeaux,
& n'en pouuant auoir, ie fus contraint faire la ſi-
gnification qui enſuit auſdits Treſoriers.

A la requeſte de Iean de Beaufort, cy deuant
Commis à l'ordinaire des guerres, ſoit denoncé
& declaré aux ſieurs Garrault du Tremblay, Puget & Midorge, Treſoriers generaux de l'extraordinaire des guerres & de l'artillerie de Frãce, & à
leurs Commis Maiſtre Auguſte Preuoſt, Iean le
Fevre & autres, qu'il eſt fort bien aduerti que leſdits deſſus nommez, irritez contre luy de l'aduis
qu'il a donné au Roy au mois d'Aouſt dernier,
des faux acquits & faux emploits paſſez & alloüez
aux comptes de l'extraordinaire des guerres, tra-
ment iournellement contre luy par toutes façons
& moyens, meſmes par fauſſes ſuppoſitions &
faux témoins, de le charger de quelques crimes ou
calomnie notable : meſmes encores qu'il ne ſoit
nullement redeuable à ſa Majeſté, n'y au feu ſieur
Rogais, de le faire empriſonner pour quinze cés
eſcus qu'ils pretendent luy eſtre deubs par ledict
de Beaufort, bien que par arreſt de Meſſieurs de
la chambre ſignifié au ſieur Ollier, il en ſoit deſ-
chargé, n'en ayant aucune choſe receu, comme
auſſi ils taſchent ou leurs Commis, qui ſont cou-
pables deſdites fauſſetez, de faire aſſaſſiner ledit
de Beaufort. Et d'autant que ce qu'en a faict ledit
de Beaufort n'a eſté pour ſon intereſt particulier,
ni pouſſé d'aucun mal-talent ny paſſion à l'encon-
tre

tre des deſſuſdits : ains du ſeul zelle qu'il porté au
ſeruice du Roy, auquel il deſire faire paroiſtre
que ſondit aduis eſt fort veritable. A ceſte cauſe
ledit de Beaufort declare & denonce en premier
lieu aux deſſuſditz ; afin qu'ils diſſimulent plus
l'ignorer, que c'eſt luy qui au mois d'Aouſt dernier, a donné aduis à ſadicte Majeſté, que en quelques Prouinces nommement en celle de Guyenne, il auoit veu & cogneu qu'on auoit mal pris &
retenu induëment à ſadicte Majeſté plus de trois
cens mil eſcus ; au lieu deſquels les Treſoriers &
Commis en Guyenne, auroient produits cinq ou
ſix mil acquits faux qui ſont paſſez & allouez aux
comptes de l'extraordinaire ; viures & artillerie.
Ce qu'il a offert verifier, comme de fait offre encores le prouuer & verifier luy eſtant baillé par ſa
Majeſté Commiſſaires gens de bien & non ſuſpects ;
& ce en bref pour partie ; & le ſurplus dans ſix
mois apres. Et en ſecond lieu, que ſi les deſſuſdictz
pretendent à ceſte occaſion que ledit de Beaufort
ſoit vn calomniateur, qu'il ait donné ceſt aduis à
faux, & qu'eux en ſoient innocens, ils ayent à
pourſuiure : ainſi qu'il faict commiſſion pour en
faire approfondir la recherche, afin que la verité
cognuë ; celuy qui demeurera containcu ſoit pu-
ni par le peril de ſa vie. A quoy ledit de Beaufort
ſe ſubmet, au cas qu'il ne face paroiſtre comment
& par quels deſguiſemens & intelligences d'officiers leſdits trois cens mil eſcus luy ont eſté volez,
& les acquits faits & fabriquez, bié que l'on eſtimé
ceſte recherche impoſſible pour eſtre preuenue,
deſquels trois cens mil eſcus leſdits Treſoriers generaux & Commis ſont reſponſables au Roy. La-

D

qu'elle presente declaration, denonciation, offres & submissions seront monstrees à chacun desdits Tresoriers & Commis à ce qu'ils n'en pretendét cause d'ignorance, signé de Beaufort, & plus bas.

Faict & signifié le contenu cy dessus, par moy Claude Gasnier Sergent à verge au Chastellet de Paris, exploictant partout le Royaume de France, soubs-signé en parlant pour ledit sieur Garrault à sa personne, pour ledit sieur du Tremblay à sa personne, pour ledit sieur Puget à sa personne, pour ledit sieur Midorge à sa personne, pour ledit Preuost à sa personne, & pour ledit le Fevre à sa personne, tous trouuez en leurs domiciles le treizielme iour de Decembre mil six cens quatre, present Glaude Soye & autres telmoins, signé Gasnier.

Laquelle sommation ainsi faicte & signifiee à ma requeste, à leurs propres personnes & vrais domicilles, me faisoit esperer d'estre par eux semond d'y satisfaire, & que par ce moyen i'aurois Commissaires pour aller à Bordeaux : lesquels au lieu de ce faire, me preuenant se contenterént, pour vaincre de s'asseurer les vns des autres, par indemnitez & cautions dont ledit du Tremblay est contant, puis ensemblement & d'vn bon accord, vous representerent finement, que depuis l'aduis par moy donné, ie n'auois peu aucune chose verifier bien qu'ils eussent eu tousiours les bras croisez, pour n'empescher le cours de la iustice & qu'à ceste oecasion il vous pleust me declarer calomniateur au lieu de quoy faire m'auriez encores donné six sepmaines de temps pour faire preuue audit aduis & nommé pour assister audit

esclaircissement, Monsieur Arnault auquel ie
communiquay plusieurs memoires.

Duquel vostre arrest, Et brigues desdicts Tresoriers, ayāt esté aduerty, ie fis en sorte que ledit sieur
Arnault fit que vous commendastes à Messieurs
de Themines & Fauas de deposer sur ce verité &
de vostre part dire à plusieurs Capitaines qu'ils
fissent le semblable.

Desquels le premier oy fut Henry de Grammōt
sieur de Montestruc, lieutenant de la compagnie
d'ordonnance de Monsieur de Puigaillart, lequel
depola entre autres choses qu'il auoit commandé
pour vostre seruice au Blocus de Grenade, dans
le fort de Launac, où il tint garnison auec vne cō-
pagnie de gens de pied durant huict mois, desquels il n'auoit esté payé que pour deux, en argent
bled & billets: pour lesquels ils ne firent qu'vne
monstre, en bataille & equipage de guerre, & n'a-
uoit deliuré que deux roolles à des Sindics. Auquel sieur estant représenté les roolles signez de
luy, rapportez en nombre vingt deux, tant en
papier que parchemin, apres les auoir veuz, leuz,
& considerez les vns apres les autres, il le trouua
si confus, voyant que les seings estoient si bien
contrefaits & imitez qu'il ne pouuoit demesler
les vrais d'auec les faux, sinon aucuns où il trouua
d'augmenté deux fermesses qu'il declara n'auoir
iamais fait en ses seings & que lesdits roolles estās
rapportez pour vnze monstres faictes en armes
& batailles, presents Commissaires & Controlleurs, pour vnze mois, & les payemens auoir esté
faits par Maistre Auguste Preuost & Iean le Feure
en pieces de vingt sols & quarts d'escu & le sem-

blable auoir esté fait à cinq autres compagnies
qui estoient dans cinq autres forts dudit Blocus,
pour pareils mois, Dit le tout estre faux, pour n'a-
uoir ledit Blocus duré que huict mois, n'auoir veu
Commissaires ny Controlleurs. Le Feure ny Preuost fait monstre ny receu autre argent que pour
lesdits deux mois selon qu'il auoit declaré. Et que
les Capitaines des autres compagnies n'en auoiét
receu d'auantage.

Plus interrogé sur vn roolle rapporté pour le
payement de la cõpagnie d'ordonnance dudit
sieur de Puigaillart pour trois mois de l'ânee quatre vingts quinze, où il a signé comme lieutenant,
declara que feu Monsieur de Puigaillard le pere
escriuit à vostre Majesté en l'annee quatre vingts
quinze qu'il vous pleust de mettre & nommer
Monsieur son fils & sadicte compagnie. Ce que
vous luy octroyastes & en escriuittes à Monsieur
de Matignon pour receuoir de luy le serment, lequel pour y satisfaire, assembla sadicte compagnie
& armes, de laquelle fut fait vn nouuel enrolle-
ment suiuant vos ordonnances, dont il en fut signé vn roolle par chasque homme d'armes, ausquels fut dit qu'ils seroient payez du seruice par
eux fait, sans que pour ce ils en ayent ny aucuns
d'eux, lors ny depuis receceu vn seul denier.

Auquel sieur de Montestruc, estát representé à
l'heure mesme ledict roolle, remply pour la som-
me de deux mil trente trois escus vn tiers, payez
lors content à chacun d'eux, particulierement en
presence de Commissaire & Controlleur, dict
que cela estoit faux.

Le second fut le sieur de Themines Cheualier

de vos ordres, lequel ouy, declara n'auoir receu
tant pour le payement des compagnies qui ont
tenu la campagne soubs son authorité, que pour
sa compagnie d'ordonnance & autrement, non
compris ses estats, que treize ou quatorze mil escus au plus, & qu'il ne fut que huict iours au siege
de Blaye, neantmoins il a veu estre employé audit siege durant six mois, & estre rapporté pour
trente mil escus d'acquits à luy payez & à ladicte
compagnie, qui est quinze mil escus de payemés
supposez employez plus qu'il n'a esté payé, sans y
comprendre sesdits estats, esquels est aussi rapporté plusieurs acquits faux.

Le troisiesme a esté ledit Archambault, lequel
ouy sur quatre quittances pour ses taxations d'a-
uoir fait le payement à quelques compagnies
d'ordonnances, dont les acquits sont rapportez
au compte de Monsieur de Beau-Marchais, a dit
ne les auoir signees. Deposition (SIRE) petite
qu'elle est qui importe de beaucoup.

Plus ouy & interrogé sur vne ordonnáce signee
Matignon & dudit Archambaut montans douze
cens soixante six escus deux tiers rapportee par
Monsieur Goulas, sur vn cópte de l'ordinaire des
guerres, a dit qu'il estimoit auoir escrit par Mon-
seigneur Archambaut, mais que pour le paraphe
il doutoit, pour estre fort differend des siens, lequel le mesme iour me dict estre veritable, qu'il
n'auoit signé ladicte ordonnance & qu'il l'auoit
ainsi dict & declaré à Monsieur le President Ieannin, ce que ledit Archambault a esté contraint
aduouer à cause que lesdits seings ont esté si mal
cótrefaits, qu'il n'y auoit aucun moyen qu'il peut

D iij

parler pour eux, ainſi qu'il auoit fait pour ceux
mieux contrefaits,qu'il a eſtimé auoir ſignez,ainſi
qu'il a cy deuant declaré bien qu'ils ſoyent faux.

Le quatrieſme a eſté ledit ſieur de Fauas, lequel
ouy ſur pluſieurs faits & articles,a declaré être autres choſes,que depuis & compris l'anneequatre-
vingts neuf,iuſques & cōpris l'ānee mil ſix cēs quatre,il n'auoit au plus receu tant pour ſes eſtats de
Mareſchal de Camp, Gouuerneur de places, que
pour les payemens de ſadicte compagnie & harquebuſiers, que dixneuf mil eſcus, en iceux compris trois mil eſcus, deſquels ledit ſieur Mareſchal
luy fit don & n'en eſtimoit auoir fourny aucun
acquit, neantmoins apres luy auoir eſté repreſen-
té les acquits ſignez de luy, compris ce qu'il a receu pour les annees mil ſix cens vn, deux, trois &
quatre,montans dixhuict cens eſcus, ſe ſont trouuez monter xxxix. mil eſcus, qui eſt vingt mil eſcus de payement ſuppoſez & imaginaires.

Auſſi a ledit ſieur declaré qu'il n'y a eu aucuns
cheuaux legers à Condon, en quatre vingts vnze
autres que ſes harquebuſiers, neantmoins l'on a
employe vne compagnie de cinquante cheuaux
legers outre leſdits cinquante, qui eſt vne compagnie imaginaire dōt le Feure a paraphé & fourny les acquits.

Auſſi a declaré que ſa compagnie d'ordonnance & harquebuſiers à cheual,n'ont eſté payez que
pour neuf mois, en neuf monſtres & neantmoins
eſt rapporté des roolles pour vingt & vn mois, en
treize ou quatorze monſtres.

Auſſi a declaré auoir eſté au ſiege de Blaye que
huict iours & ny auoir aucune choſe receue, neāt-

moins il luy eſt payé douze cens eſcus d'vne part
& deux cens eſcus d'autre. Auſſi declara que voyant ſon ſein ſi bien contrefait en tant d'acquits, il
ne ſçauoit où il en eſtoit, & dict ſortât de la chambre des Comptes qu'il voudroit qu'il luy euſt
couſté vne peinte de ſon ſang & qu'il n'euſt veu
tant de ſortes de malices & meſchancetez.

Le cinquieſme oy. a eſté le ſieur de Corné,
commendant pour voſtre ſeruice dans le Cha-
ſteau de Lectoure, lequel a recogneu vingt roolles, tant en papier qu'en parchemin eſtre faux &
n'auoir eſté ſignez de luy.

Le ſixieſme a eſté le ſieur de Vallirots gentil-
homme ordinaire de voſtre chambre, qui auoit
vne compagnie de gens de pied entretenuë dans
Lectoure, qui a recogneu plus de quarante roolles faux, tant en papier qu'en parchemin.

Le ſeptieſme a eſté le ſieur de Mereinx, gouuerneur de Layrac, qui a declaré qu'en l'annee quatre-vingts dix, il n'auoit eu aucuns cheuaux legers en ſa garniſon, bien qu'il luy en fut repreſen-
té vn roolle vrayement ſigné de luy.

Auſſi a dict qu'il eſtoit memoratif, que ſa garniſon n'auoit eſté payee en l'annee quatre-vingts
vnze, que pour neuf mois, toutesfois les roolles
luy ayant eſté repreſentez a veu qu'il a eſté employé pour douze mois par roolles ſignez de luy,
comme il a eſtimé.

Lequel enquis comment ſe pouuoit faire que
les roolles fuſſent vrais ſans en auoir receu les
ſommes, dict qu'au moyen des troubles, il eſtoit
contraint d'enuoyer à Bordeaux aux Treſoriers
les roolles de ſa Garniſon en blanc pour en eſtre

payez, lefquels ils remplifloient comme bon leur
fembloit.

Le dernier qui a efté ouy, a efté le fieur de Lezi-
gnan gouuerneur de Puymurol, lequel n'a mis en
doubte que deux quitrances, encores qu'il y ayt
plufieurs acquits faux rapportez foubs fon nom.
Ainfi que ie verifieray & le tout fans doubte
(SIRE) s'il vous plaift me donner Commiffaires:

Lefquelles depofitions faictes (SIRE) ledit
fieur Prefident Ieannin du commandement de
Meffeigneurs de voftre côfeil, en fit fô rapport, &
de la requefte cy apres tranfcrite, pardeuant Meffeigneurs de Chafteau-neuf & Callignon, prefent
Monfieur voftre Procureur general en ladicte
chambre des Comptes, par lefquels apres m'auoir
ouy, fut refolu de vous en faire rapport: Sur lequel auriez ordonné que Commiffaires me feroient donnez, & qu'il feroit enuoyé vne defpeche à Bordeaux, qui m'a efté donnee, & non lefdits Commiffaires, au grand contentement defdits Treforiers, qui ont peu & peuuent faire ce
qu'ils ont defiré en telle efpace de temps, pour
ruiner l'effect & force dudict aduis, ayant efté
toufiours laiffez en liberté ainfi qu'ils font encores, bien qu'ils foient crimineux & coulpables de
ma denonciation: Et ce à caufe de la crainte que
l'on a (SIRE) d'offenfer Meffieurs de la mine
d'or, à voftre tref-grand preiudice.

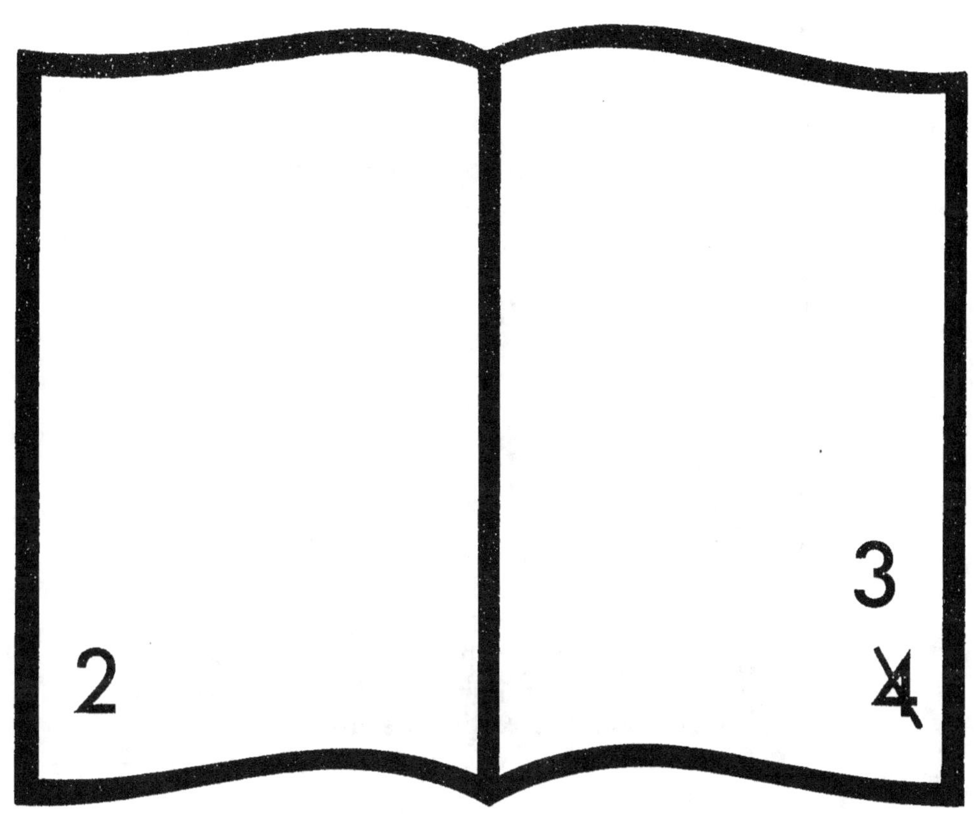

2
3
4

COPIE DE LADICTE
REQVESTE.

AV ROY.

Et à nos Seigneurs de son Conseil.

IRE,

Iean de Beaufort represente tres-humblémét à voſtre Majeſté, qu'ayant recognu les grands abbus qui ſe font commis par aucuns des premiers de vos Threſoriers, & autres qui onteu le maniment & direction de vos finances en pluſieurs Prouinces, il vous auroit (meu de l'affectió qu'il porte à voſtre ſeruice) donnéaduis des faux acquits & payemés ſuppoſez employez aux comptes de l'extraordinaire des guerres, viures, & artillerie : De l'importáce duquel leſdits Treſoriers eſtans eſtonnez, pour y parer, auroient faits eſuader vn de leurs Commis nommé Collart, fauſſaire qui en a fait & fabriqué pluſieurs, & gaigné les Capitaines, & fait entendre à voſtre Majeſté

& à pluſieurs de vos plus ſpeciaux ſeruiteurs, que
l'aduis dudit ſuppliant eſtoit faux, & qu'il n'en
pourroit aucune choſe verifier. Ce qui auroit oc-
caſionné ledit de Beaufort de demãder Cõmiſſai-
res pour aller à Bordeaux verifier leſdictes fauſſetez, qu'il n'auroit peu obtenir contre l'appuy &
faueur deſdits Financiers, qui veulent engager le
ſuppliant de faire ſa preuue parfaite à Paris, choſe
impoſſible, ſubject pourquoy il denonça auſdits
Tretoriers, qu'il vouloit prouuer contre eux plus
de trois cens mil eſcus d'acquits faux : & que s'ils
eſtoient innocés (comme ils publioient par tout)
ils euſſent à luy ayder à obtenir ladite commiſſiõ,
ainſi qu'il appert par l'exploict fait à leurs propres
perſonnes cy attaché. Au lieu dequoy faire, ils ſe
ſeroient efforcez finement par leurs artifices &
brigues, de ſe deffaire du ſuppliant, & le pouuoir
faire declarer calomniateur : lors que voſtre Majeſté luy donna ſix ſepmaines pour commencer à
faire cognoiſtre quelque choſe du faux par luy
propoſé : Ce qu'il a faict (S I R E) comme il ſe
peut voir ſur le pied, & en conſequence des depoſitions faites & à faire pardeuant Monſieur le
Preſident Ieannin & voſtre Procureur general en
la chambre des Comptes, par Meſſieurs de Themines, Fauas, Monteſtruc, Valirots, Corné, Mereinx, Capitaines, & d'vn nommé Archambault,
l'vn des Secretaires dudit feu ſieur Mareſchal de
Matignon : par leſquelles & leurs circonſtances,
ſe peut recognoiſtre, & fera le ſuppliant voir pour
cent mil eſcus & plus d'acquits faux. Et ſi declare
ledit ſuppliant à voſtre Majeſté, qu'il a differé à
faire ouyr Meſſieurs de la Force, de Monteſpan

de Luſſan, quelques Capitaines & autres,iuſques
à ce qu'il ait pleu à voſtre Majeſté faire faire le rapport audit ſieur Preſident Ieannin des depoſitiõs
deſdits ſieurs , & luy donner ample pouuoir &
commiſſion , pour & en ordre de Iuſtice,faire &
approfondir ladicte recerche. Et d'autant(SIRE)
que leſdits Treſoriers apprehendent que ledict
rapport ſe faiſant, ladite recherche ne ſe continuë
pour la crainte qu'ils ont que leurs larcins & caballe ne ſoient deſcouuerts:ils briguent & ſuadẽt
pluſieurs perſonnes feignãs d'eſtre innocés d'empeſcher ledit eſtabliſſement qu'ils deuroient demander pour leur iuſtification , s'ils n'eſtoient
coupables& crimineux des fauſſetez qui enſuiuẽt.
Sçauoir que les eſtats certifiez de la deſpence fai-
te pour le payement des garniſons & armees en
Guyenne , ſignez Matignon , la Peyrere & Ar-
chambaud, montans& reuenans enſemble à plus
de deux millions d'or: pour les annees 1588. 90.
91. 93. 94. 95. & 96. ſont ſignez fauſſement Matignon, la Peyrere, & Archambaulr, ſes Secretaires, que leſdits Treſoriers ou leurs Commis ont
ſigné, & contrefaict leurs ſeings & eſcriture, ex-
cepté quatre ſignez vrayement la Peyrere, neantmoins faux,pour les raiſons qu'il a à declarer leſ-
quels eſtats & pour plus de quatre cens mil eſcus
d'ordõnances, roolles, quittãces,& autres acquits
faux compris dans iceux, pour leuees & payemẽs
de gens de guerre de cheual & de pied, vaiſſeaux
ſur mer, achapts de viures, poudres, boullers, en-
tretenement de charrois, & gages d'officiers , ont
eſté forgez , faicts & fabriquez par leſdits Treſoriers & leurs Commis qui ont contrefaict & ſigné

Matignon, la Peyrere, Archambault, les Notaires, les parties prenātes tefmoins, Capitaines, Gouuerneurs, maiftre de Camp, & plufieurs autres, nõmement les recepicez & ordonnāces de quelques achapts de viures qu'ils ont efcrits, controllez & fignez de Iean Preuoft, qui n'a iamais efté ny en Guyenne ny Controlleur des viures, n'a efté, & ne fe pourra trouuer, côme eftant & toute la defpéce de quatre-cés mil efcus fauffe, feinte, fuppofee, & imaginaire. A CES CAVSES (S I R E) plaife à voftre Maiefté donner pouuoir & commiffion audit fieur Prefident, & tel maiftre des Requeftes qu'il vous plaira nõmer, pour trauailler & approfondir ladicte recherche, & faire venir de Bordeaux la Peyrere Secretaire, & vn Notaire defquels on a contrefaict les feings pour plus de deux cens mil efcus, nommement vne quittance de dixhuict mil efcus, fous le nõ de plufieurs Boulengers, laquelle ou elle fe trouueroit vrayement fignee Lafarque & non fauffe, il fe fubmet du peril de la vie. Offrant à ceft effect le fuppliant, fournir & aduancer les frais, luy eftant baillé depefches & commiffions neceffaires, & le fuppliant priera Dieu pour voftre profperité & fanté, figné De Beaufort.

L'vn defquels (S I R E) nommé le Fevre, ayāt feeu que la defpeche de Bordeaux feroit expediée par monfieur de Frefne, fur trouuer ledict fieur Prefident Ieannin, auquel il donna à entendre qu'il auoit neceffairemēt affaire en Guyéne, pour le faict de fa charge, & qu'il venoit fçauoir de luy s'il eftoit à propos qu'il y allaft : Lequel luy fit réfponce qu'il ne le luy confeilloit, & que fon voya-

ge seroit soubçonneux, neantmoins au preiudice
d'icelle, il partit en poste le mesme iour, tant ses
crimes le pressoient d'aller parer à la descouuerte
d'iceux, trauerser l'effect de ladicte depesche ; se
tenir sur ses gardes, & faire faire de nouueaux acquits ; estimant par ce moyen empescher que ie
ne verifie lesdits larcins faicts soubs les noms des
Seigneurs dont d'aucuns les noms ensuyuent

Noms de cent desdicts Seigneurs
& Capitaines.

LEs sieurs de Matignon , de Mont-luc, de
Bourdeille , d'Aubeterre , de Poyanne, de
Puisgaillart, Montespan, de Lussan, du Bois-Iour-
dan, de la Force, de Terride, Puisguillen, de Fon-
tenilles, Delau, de Montbartier, du Bourg, Rap-
pin, Panissaut, de Marauat, de Mancier, de Gour-
don, de Vaillac, de Barrault, de S. Leger, de Fon-
trailles, d'Astarac, Cornusson, de Camparnault,
de Roquepine de Gourgues, de Puyminet, de
Sainctoyn, de la Salle, de la Plane, de Fortages,
de la Belluë Coeffart, de Iollijans, Gassies, Mignô,
Mermet, la Porte, du Boscq, Chagres, Langle, de
Iasts, Gerart, du Puy, Lentillac, Dyollet, de la
Vernede, de la Vaissiere, Braue, Deschamps, Pal-
lis, la Fargue, Demurat, Barrera, Lestelle, Broc, de
Mont-ferrand, Giscart, la Mothe, de la Barriere,
Caillauet, Cerra, Despes, de Mazieres, Barbalane,
Cressio, Rauignes, de la Vigne, Huë du Pré, De-
serre, Darreau, Garmattes, Piac, Dantin, de Ca-
stelnau, Guichauert, Fortissô, d'Adou, Hourrot,
Bastrac, de Vignolles, Pargade, Marquant, de

Ioultan, Peres, Esparbes, Allezic, la Vallade,
Goulland, Montellet, Cailleau, Mondain, Marat,
Laborde Baçonner, de Soubran, de la Bastidé,
Caluet, Pechguérin, & Pestillac.

Desquels & d'autres qui ont commandé en
Guienne, nommement de cent gentils-hommes
suyuans, sont aussi rapportez acquits faux, dont
les noms ensuiuent.

Noms de cent desdicts Gentils-hommes suyuans.

Les sieurs de Cressac, Lanesan, Gaulejac, du
Puy, du Londel, de Saincte-Estefue, de Lure, de
Ferrera, Dossiecq, Texier, Mazieres, Ferrand,
Berard, Darques, de Gissot, de la Carrere, de
Molieres, de la Potterie, Duret, du Mas Rigarde,
de Vincent, de Mallieres, la Grace, la Pierre, du
Lyon, Guynot, Degordes, du Long, Gignan, de
Seueze, Peigot, Desarres, Larrigues, Beau regard,
Desplegues, Carget, du Boullac, Cezarte, Cazau,
Pouticq, Trebauze, Chombert, Larrieu, Mil-
lade, Delpenam, Noguieres, Meusnier, de la Ro-
que, Fourcade, Castels, de la Fosse, Moreau, de
Larche, Delestre, Lezian, Bonnet, du Long, Ga-
stignan, de la Houssaye, Rigard, de la Coste, de
Hunaut, du Prat, de l'arrit, Cointe, de Broust,
Gaston, le Roy, de la Pierre, de la Visse, Puima-
quet, Morerio, Clerct, Boussac de la Prade, Lamy,
du Boscq, de la Fille, de la Payade, de Puyrond,
de Bressieres, Lespas, d'Artigues, Bauzelle, Co-
stels, Launay, du Pin, Charron, d'Armandis, Dal-
surin, de Gio, Peroyre, Belin, Penias, Cheuueau,
Puizet, Gaumal,

Aussi est rapporté pour cent mil escus & plus d'acquits faux, employez soubs les noms de cent marchans & autres en achapts de viures faits & supposez nommément vne quittance de dixhuit mil escus sous les noms de plusieurs marchans & Boullangers.

Noms d'aucuns desdits cent marchans
& boulangers.

Dominique Bazillon, Guillaume Treboussi, Iean Dubosq, Pierre Coulton, Bernard Iustes, Pierre Laban, Pierre Ballonnel, Iean Cabanal, Gratien Bazeille, Pierre Borleu, Guillaume Riuiere, Iean Boustault, Bernard Senac, Anthoine Carrere, Richard Rigard, Helie Labardoulle, Bertrand Faget, Charles Plantey, Guillaume L'ortie, Pierre Brunet, Guilhen Thomas, Iean Herberard, François Boillonneau, Iean la Marque.

Aussi est passé pour plus de quarante mil escus d'acquits faux, pour le faict de l'artillerie, sous les noms de plusieurs personnes, dont ie n'ay encores retiré les extraicts.

Et preuoiant (SIRE) qu'il sera difficille de faire exactement & promptement vne si importāte & profonde recherche sans auoir argēt prest pour faire les frais d'icelle i'aurois de rechef en charge de presenter à votre Majesté les offres qui enfuiuent.

Offres qui seront presentees au Roy.

S'il plaist à sa Majesté faire faire la recherche des faux acquits, faux & doubles emplois, fausses

leuees, fauſſes repriſes, fauſſes receptes & obmiſſion de recepte par iuges non ſuſpects.

Et offert à ſa Majeſté de paier & aduancer toutes & chacunes les ſommes de deniers qu'il con-
uiendra desbourcer pour les taxations, vacations
& peines des Commiſſaires & autres qui ſeront
nommez neceſſaires à ceſt effet.

Auſſi eſt offert à ſa Majeſté de luy bailler &
payer comptant la ſomme de dix mil eſcus ſur la
ſomme de cent mil eſcus qui luy ſera payee dés
premiers deniers ſur ce qui luy en reuiendra de
laditte recherche, & ce huict iours aprés que les
preſentes offres ſeront acceptees, & que toutes
depeſches & commiſſions ſeront expediees.

Sera promis à ſa Majeſté que où il arriueroit
qu'en fin de laditte recherche il ne ſe receut que
leſdits cent mil eſcus il appartiendront nettement
à ſa Majeſté, & ainſi tous les frais qui auront eſté
faits pour les taxations, & vacations deſdits Commiſſaires enſemble laditte ſomme de dix mil eſcus
tumberont en pure perte ſur ceux qui les auront
aduancez.

Sera ſadite Majeſté eſclaircie d'vn grand nõbre
d'artifices, inuentions, & ſubtils moiens par leſ-
quels l'on luy a mal pris & deſrobé pluſieurs
millions d'or, afin de les eſuiter à l'aduenir.

En conſideration deſquelles aduances, offres,
& riſques ſuſdits ſa Majeſté fera don à ceux qui
font leſdittes aduãces, & offres ſuſdits, de la quatrieſme partie de ce qui reuiendra de net de laditte recherche, lequel dõ ſera nul ou ſaditte Majeſté
ne reçoiue nettement leſdits cent mil eſcus.

Sadite Majeſté pardonnera à tous clers, commis,

9 782016 127148